Vincenzo Leonardo Manuli

Segno di contraddizione. Don Peppe Diana e il coraggio della parola

AF535640

Vincenzo Leonardo Manuli

Segno di contraddizione. Don Peppe Diana e il coraggio della parola

Edizioni Sant'Antonio

Imprint
Any brand names and product names mentioned in this book are subject to trademark, brand or patent protection and are trademarks or registered trademarks of their respective holders. The use of brand names, product names, common names, trade names, product descriptions etc. even without a particular marking in this work is in no way to be construed to mean that such names may be regarded as unrestricted in respect of trademark and brand protection legislation and could thus be used by anyone.

Cover image: Fornito dall'autore

Publisher:
Edizioni Accademiche Italiane
is a trademark of
International Book Market Service Ltd., member of OmniScriptum Publishing Group
17 Meldrum Street, Beau Bassin 71504, Mauritius

Printed at: see last page
ISBN: 978-613-8-39349-8

Copyright © Vincenzo Leonardo Manuli
Copyright © 2020 International Book Market Service Ltd., member of OmniScriptum Publishing Group

Ai miei nipotini,

Caterina, Emmanuel,

Laura e Mattia

INTRODUZIONE

Sono passati venticinque anni dall'assassinio di don Peppino, ed è sacrosanto mantenere vivo il ricordo e l'impegno spirituale e sociale di questo prete, la cui azione pastorale ha radici nella preghiera e nella vicinanza con Dio, nel ridare forza alla testimonianza ecclesiale e civile contro ogni mafia, violenza e ingiustizia.

Il prete di Casal di Principe, può a buon diritto essere inserito tra i martiri della violenza, patita per la difesa dei valori, quali la pace, la giustizia, la legalità, come è accaduto per i beati Padre Pino Puglisi e don Oscar Romero.

Il profilo di don Diana è quello di un prete che prende sul serio la Parola di Dio, sentendo dentro di sé il fuoco dell'appello a risvegliare le coscienze, una chiamata inderogabile, senza compromessi e rinvii. È un esempio per i preti del sud, che convivono in un territorio dove la criminalità e la cultura mafiosa è sempre arrogante e violenta.

In questo mio lavoro, ho voluto sottolineare alcuni aspetti della vita di don Peppino, un uomo di preghiera che nutriva l'amore verso la Parola, toccato dai problemi del suo territorio, il quale non manca la denuncia delle ingiustizie, il contatto profondo e la condivisione con le gioie e le ansie del suo popolo, e in particolare il coraggio di rischiare la pelle per "amore della sua gente".

Già nel mio studio di dottorato, trattando il fenomeno della 'ndrangheta in Calabria, avevo fatto menzione di lui al centro del mio lavoro, analizzando il metodo pastorale di alcuni testimoni, tra i quali, quello di don Diana, "cultore della Parola e cultore dell'altro", esaminando con passione critica e scrupolosità scientifica la sua azione pastorale.

Al cuore di tutto ho inteso evidenziare la sua "esistenza teologica", la "teocentricità sacerdotale", senza il quale l'agire, l'impegno nel sociale, sono sminuiti senza un collegamento con Dio.

Bisogna accrescere la consapevolezza dei valori del vangelo e della propria identità di ministri di Cristo e di battezzati, senza compromessi, senza rimanere indifferenti ai problemi del mondo, vedendo nella passione della gente la passione di Cristo.

Mi ha sorpreso costatare che esiste una scarsa bibliografia su di lui, negli studi e nelle pubblicazioni sull'azione pastorale di questo prete, fatto che conferma quanto ancora permanga una forma di "silenzio" non giustificato, non solo all'interno del contesto ecclesiale. La stessa considerazione va fatta anche in un mio recente lavoro sul beato Pino Puglisi.

Dietro l'omicidio di don Diana sta l'impegno e la scelta decisiva di "presenza" che ha disturbato il potere criminale della camorra.

Egli viene assassinato in sacrestia, prima di celebrare il sacrificio di Cristo e dopo la sua morte, sono stati diversi i tentativi di infangare la sua memoria, ulteriori omicidi alla sua persona, peggio di quello compiuto il 19 marzo 1994.

Il suo impegno, le manifestazioni, le omelie, l'aiuto agli immigrati, interpellavano la sua coscienza di prete e di uomo, davanti al dilagare dei crimini del clan di camorra dei casalesi, per questo si fa voce pubblica a difesa dei poveri e dei diritti umani.

In lui si presenta una chiesa vuota di potere, che non si volta dall'altra parte, una chiesa che parla e non tace, e si va vicino agli uomini e alle donne di oggi, segno di speranza che incoraggia ad allargare gli orizzonti, e predica Gesù Cristo nella croce delle beatitudini.

In fondo c'è lo stile di un parroco che non diventa feudatario, padrone del gregge, despota delle anime, burocrate del sacro, ma amico di tutti, sognatore di mete grandi e indicatore di traguardi puliti, che sfodera il messaggio centrale del vangelo, la liberazione degli ultimi e degli oppressi.

IL SEME IL GRANO LA SPIGA

«Il regno di Dio è come un uomo
che getta il seme nella terra;
dorma o vegli, di notte o di giorno,
il seme germoglia e cresce;
come, egli stesso non lo sa.
Poiché la terra produce spontaneamente,
prima lo stelo, poi la spiga,
poi il chicco pieno nella spiga.
Quando il frutto è pronto,
subito si mette mano alla falce,
perché è venuta la mietitura».
(*Mc* 4,26-29)

Era una giornata tiepida ma luminosa, nell'aria si respirava un profumo tenue di primavera. Dopo aver salutato i suoi genitori, si avviò verso la chiesa, fedele all'appuntamento della Messa che doveva celebrare alle 7,30.

Dopo la Messa si era dato appuntamento con alcuni amici, sarebbero andati a prendere insieme al bar il caffè, per festeggiare il suo onomastico, nella festa del custode del Redentore, san Giuseppe.

Il suo pensiero era concentrato alla celebrazione, un rito che rinnova il sacrificio di Cristo e l'amore per i suoi. L'Eucaristia non è il presente che si rivolge al futuro, nemmeno il rievocare il passato, ma essa parte dal futuro verso il presente.

Il futuro chiamava il seme che aveva messo radici in don Peppino, e il presente è una risposta agli appelli del futuro. Era immerso nei suoi pensieri, un'altra giornata di preghiera, di impegno e di lotta alla malapianta della camorra. da quando era parroco di san Nicola di Bari a Casal di Principe, aveva dato spazio ad un sogno, una terra libera dalla camorra, dalla violenza, dall'ingiustizia e dall'indifferenza. L'unica violenza che conosceva era la potente chiamata di Dio, quella voce che sentiva in simpatia con il profeta Geremia: «Mi hai sedotto, Signore, e io mi sono lasciato sedurre; mi hai fatto forza e hai prevalso» (*Ger* 20,7), per questo non poteva tacere.

La vita di don Diana è come la parabola del seme, sente con la terra, veglia, vigila, non cresce da solo, è in una comunità. La sua vita è seminare, non raccogliere, è fatica di andare controcorrente, capace di attraversare la dura stagione dell'inverno. È inserito nel progetto di Dio, un disegno sempre da capire.

Prima di essere una spiga, bisogna passare diverse fasi, una lotta ardua che inizia dal seme, all'inizio qualcosa di insignificante perché è minuscolo, ma promettente, perché contiene in sé la profezia del germoglio, il progetto di divenire grande.

La vita di don Diana si è distesa coltivando i germogli, vegliando, combattendo e crescendo, con la coscienza chiara di vedere che Dio fa sorgere un'alba nuova, per far sì che porti frutto, un prete che insegna ad essere uomini che rifiutano i compromessi a non temere le lusinghe dei mafiosi:

> Loro vorrebbero offrire alla sua parrocchia, banchi e suppellettili, calici d'argento e pissidi d'oro. Sculture di santi e madonnine in legno pregiato, in memoria di parenti e amici uccisi. Perché l'amico d'infanzia li tiene a distanza? Perché non accetta le loro offerte? Per ostenta di non temerli? Perché non chiede? Perché continua a predicare e scrivere contro di loro? Perché non fa l'elogio funebre ai funerali dei loro cari? Perché mette a dura prova la loro pazienza? Don Peppino è un uomo, un galantuomo, non è un vigliacco. Non si è mai schierato dalla parte del più forte, non ha mai parteggiato per il potente di turno, chiunque esso sia. Don Peppino è un prete. Un semplice prete. Un vero prete (M. PATRICIELLO, *Il prete con l'odore delle pecore che ci insegna ad essere uomini*, in «Avvenire», 19.03.2019) 8.

Entrato in chiesa, dopo la preghiera silenziosa davanti al tabernacolo, don Peppino era già pronto, aveva indossato le insegne ufficiali, aveva i paramenti sacri, camice, stola e casula.

Il lavoro di don Diana stava portando alla maturazione, perché la missione cristiana consiste nel portare il buon grano a maturare e che Dio ha seminato con ostinazione, ma come dice san Paolo, «Ora né chi pianta, né chi irrìga è qualche cosa, ma Dio che fa crescere» (*1 Cor* 3,7).

Mancavano pochi minuti, un lampo, mentre gli apparve di fronte un uomo con la pistola in pugno. L'omicida gli esplose cinque colpi in diverse parti del corpo che non gli diedero scampo, senza il tempo di accorgersi di nulla.

Era già nell'eternità.

Vivere per don Peppino è significato dare la vita, seminare gemme di bontà, di giustizia e di pace, contro il nemico che semina morte, e non sapeva che lentamente stava cambiando Casal di Principe, senza aver progettato nulla.

Egli avrebbe avuto ancora tante cose da fare, salutare i suoi famigliari, i suoi amici, consigliare e risollevare la sua comunità, ma la spiga era giunta al suo compimento finale.

Dalle 7,25 in poi si iniziava a dissodare il futuro, la vita di don Peppino apparentemente spenta finiva, mentre a Casal di Principe, i suoi giovani e la sua comunità iniziavano a fiorire, scommettendo sulla primavera dei cuori che libera nuove possibilità.

Dalla terra della camorra si è passati alle *Terre di don Diana*, tante opere sociali, di volontariato, comitati, cooperative, opportunità di lavoro, oggi splendono grazie alla sua opera.

La spiga ha sparso tanti semi che crescono, mettono radici, perché il bene ha una potenza generativa che sprigiona tante energie. Al posto di don Peppino, altri coltivano questo campo enorme, dove ancora la zizzania attende di essere mietuta alla fine dei tempi, perché Dio è paziente, e non vuole la morte del peccatore, ma che si converta e viva (Cf. *Ez* 33,11).

DIO DA CHE PARTE STA?

«Chi crede non è mai solo».

BENEDETTO XVI

Oggi il mondo rimane indifferente alle parole, agli slogan, è attratto più dagli esempi, non ha bisogno di lezioni dalle cattedre. A far cambiare idea agli uomini e alle donne del nostro tempo sono i fatti concreti, perché il mercato è pieno di contraffazioni e scarso di autenticità. È al sud che la teologia della liberazione ha mosso i suoi primi passi, con i suoi martiri in Sicilia per l'assassinio di Padre Pino Puglisi, in Campania per l'omicidio di don Peppino Diana. Essi hanno sparso il sangue per la liberazione delle loro terre dalla presenza della mafia e della camorra.

Rappresentano quella testimonianza genuinamente cristiana che fa eco alla "teologia della pace" in Puglia con don Tonino Bello, alla carità verso gli ultimi in Calabria con don Italo Calabrò. La coerenza di questi testimoni capaci di fare esperienza del Calvario e di soffrire per le cose di Dio, sono un corollario naturale nella sequela radicale a Gesù Cristo, del quale la missione del prete deve mette in conto anche il martirio.

Non è ammissibile che il prete sia *part-time*, l'amore per Gesù deve avere la tensione della totalità, la cui esistenza è tesa a riportare nell'oggi della storia, la sollecitudine pastorale di Gesù per le folle di tutti i tempi, al di là di ogni attività e di ogni impegno, senza sottrarsi alle domande fondamentali della vita.

Chi siamo? Da dove veniamo? Dove andiamo?

Dal comportamento del prete, e nelle sue parole, deve trasparire l'amore di Dio. Egli ha un compito altissimo, anche di fronte al male, di essere ministro di riconciliazione, ministro del perdono, e portare ciascuno a fare esperienza di Cristo, incontrandolo sulla strada della propria vita, come Paolo Lo incontrò sulla via di Damasco.

La passione per il Regno non deve spegnere la sollecitudine a prendersi cura dei bisogni umani e spirituali delle persone, a lottare contro le ingiustizie del mondo, e contemporaneamente a saper stare con Lui (Cf. *Mc* 3,14; *At* 1,21-23).

L'anima dell'apostolato è la "sana inquietudine" di portare tutti al dono della fede, di farsi tutto a tutti (Cf. *1 Cor* 9,16-22), nella vicinanza quotidiana, nell'attenzione per ogni singola persona e famiglia, siano essi giovani e anziani, siano essi poveri e forestieri. Egli deve essere disponibile alla missione, anche quando "la luce sembra spegnersi", e cercare di mettere senso in questo pezzo di tempo e di storia.

Don Diana ha vissuto in un contesto dove la luce di Dio era spenta, però lui non è stato spettatore passivo di fronte ai crimini della camorra e della diffusa illegalità. Ha dovuto battersi alla rassegnazione generale, al silenzio della chiesa e della classe politica, alla presenza del male, nella quale Dio non appare, a volte sembra assente, lasciando che dominano l'egoismo e l'arbitrarietà. La sua domanda più importante che portava ogni giorno nella preghiera era come parlare di Dio al "suo popolo".

Per poter parlare di Dio bisogna vivere di Lui, e solo alla luce di Dio si comprendono le situazioni e le fatiche dell'esistenza. Portare Dio agli altri implica dire che Egli è vicino in Gesù Cristo, e la migliore testimonianza per Cristo implica l'amore, la fede e la speranza, guardando al Cielo e con i piedi per terra.

Nella breve esistenza di don Peppino, c'è stata una coscienza della dimensione del sacerdozio vissuto in situazioni difficili da affrontare con la forza della testimonianza, nella donazione a Dio e alla chiesa, nel servizio ai fratelli e alle sorelle, dando priorità ai giovani, innanzitutto accompagnandoli per strapparli alla manovalanza della criminalità.

È difficile intraprendere la fatica del viaggio in un contesto sociale e culturale fatto di intimidazioni, di soprusi, di violenza, di indifferenza, per offrire con serenità il servizio pastorale. Il prete di Casal del Principe entra negli squilibri della storia, nello scandalo del male ,nel quale la violenza si trasforma in domanda di senso. Egli penetra nelle sofferenze dell'umano per donare un *plus* di amore che è più forte dell'abbondanza del male che esiste, e questo entrare dà valore all'essere con Dio.

La tormentata e difficile esperienza del parroco campano, vissuta nella continua ricerca di Dio, anche di fronte all'ostilità e all'indifferenza, non ha sminuito la consapevolezza della sua missione e delle sue prerogative. Il suo compito non è stato burocratico o meramente accessorio, ma di essere strumento nelle mani di Dio attraverso il quale si stabilisce una comunione ed un rapporto di appartenenza strettissimo.

IL MERIDIONE TERRA INQUIETA DI MAFIA

«Vai o non vai al Sud,
ti è dentro come una maledizione».
SAVERIO STRATI

Il problema delle mafie non è più del meridione, non lo è mai stato, semmai c'è stata una sottovalutazione che ha portato oggi a considerare in Italia che il fenomeno mafioso non interessava solo il sud. Le tre sorelle, mafia, camorra e 'ndrangheta, e l'ascesa della sacra corona unita, si sono sviluppate rispettivamente in Sicilia, Campania, Calabria e in Puglia, controllando i rispettivi territori ed entrando in contatto fra di loro negli accordi dei traffici di droga, nel riciclaggio di denaro sporco, nella spartizione degli appalti pubblici, nel commercio dei rifiuti tossici, alimentate da un *humus* fatto di consenso sociale, di legami con la politica e con le amministrazioni pubbliche. Nel territorio italiano esistono anche altre mafie, però le "tre sorelle" sono le più conosciute e più combattute dalla magistratura e dalle forze di polizia.

Nel meridione sono tanti gli avvenimenti che l'hanno sconvolto, le calamità naturali le conquiste, le invasioni, le strutture economiche e sociali. Sovente è accusato di essere terra di rassegnazione, di immobilismo culturale, ricettacolo di pregiudizi, perché non si conoscere la sua storia.

Per quanto riguarda l'ambito religioso, a differenza del nord è prevalsa una religione devozionalistica rispetto a quella sociale e all'attivismo intraprendente del settentrione, nel quale il sud è rimasto indifferente alla modernità, mostrando la sua arretratezza culturale e sociale rispetto al resto d'Italia.

Il mezzogiorno, nella sua storia travagliata e non risolta, dall'imposizione dell'Unità d'Italia in poi, ha sperimentato l'assenza dello Stato e la contemporanea presenza di un altro "Stato", la mafia, nelle sue diverse declinazioni e tipicità geografiche.

Le mafie sono nate e cresciute non solo in luoghi poveri ma anche in contesti di notevole dinamicità economica, nel quale la criminalità è stata vista come riscatto sociale, sostituendosi allo Stato nella mediazione dei bisogni dei cittadini e alterando lo Stato di diritto.

L'intervento dello Stato si è concentrato prevalentemente sul metodo repressivo, dimenticando quello preventivo, invece di sostenere e promuovere le risorse locali, di incidere nelle opere infrastrutturali, di agire nelle scuole e nella promozione del sociale.

Questo "ritardo" culturale e non, è servito al nord sviluppato e le regioni meridionali si sono spopolate con l'emigrazione arricchendo sotto il profilo della manodopera e sotto quello intellettuale, contribuendo allo sviluppo economico, culturale e sociale del nord, al costo dell'impoverimento del sud.

"La chiesa ha preso coscienza del fenomeno delle mafie passando fasi tormentate, dal silenzio alla parola" (V. L. MANULI, *Chiesa, giovani e 'ndrangheta in Calabria*, 2018), il problema delle mafie non è stato sentito come parte della propria azione pastorale, e la criminalità non ha avvertito il disturbo, anzi le strumentalizzazioni religiose hanno fatto perdere credibilità ecclesiale.

La testimonianza autentica di magistrati, di forze dell'ordine, di civili, coinvolge anche i preti, mosche bianche dentro la comunità ecclesiale che hanno sollecitato il cambio di rotta verso la direzione di senso per una pastorale di liberazione delle mafie.

Il meridione continua ad essere un territorio sotto ostaggio, mortificato e avvelenato da una criminalità asfissiante, scoperto solo all'indomani di grandi tragedie e catastrofi: faide, omicidi, traffico di droga, rifiuti tossici, opere pubbliche incompiute, sperpero di denaro pubblico, carente nei servizi sociali e pubblici, nel quale la vita civile è degradata e imbarbarita dalla violenza criminale.

È una realtà che non si può tacere, chiama in causa tutti e domanda il senso del *restare* in questi territori dove a volte è preferibile chiudere gli occhi, scegliere l'indifferenza, non sentirsi in colpa e con la coscienza a posto con qualche articolo e rara denuncia.

Come in Campania, qualche anno prima anche in Sicilia, il sole si spense con il terribile omicidio di Padre Pino Puglisi (1938-1993), il 15 settembre 1993, a Brancaccio. La coscienza dei mafiosi non fu graffiata dopo il grido profetico di Woityla nella Valle dei Templi di Agrigento. San Giovanni Paolo II, il 5 maggio 1992, in un intervento non previsto e a braccio, prima di congedare la folla, al termine della celebrazione eucaristica, non solo invitava i mafiosi alla conversione, ma parlava del "giudizio di Dio".

Il prete di Brancaccio terminava il suo ministero con il martirio, per decisione della famiglia mafiosa dei Graviano. La mafia per la prima volta con l'uccisione del prete siciliano, avvertiva la minaccia del parroco di san Gaetano per la sua pastorale di liberazione, sovversiva, incarnata e differente sul territorio. Padre Puglisi mirava a strappare i giovani e i bambini dalla strada, ad infondere una nuova mentalità, a soccorrere i poveri, ad offrire con gesti credibili un'alternativa di speranza nell'inferno di Brancaccio. Padre Pino Puglisi, moriva nel giorno del suo compleanno, sorridendo ai suoi assassini, e dal quel momento la mafia dimostrava la sua vulnerabilità, perché premeva la paura, di fronte a un prete mite e povero, la cui arma era il sorriso e riportare a Brancaccio di respirare un'aria dove a prevalere fossero i diritti.

Se prima a cadere erano magistrati, i civili, le forze di polizia, come Falcone, Borsellino, Dalla Chiesa, Impastato, Livatino, adesso toccava ai preti ad essere eliminati dalla barbarie mafiosa, un tempo considerati intoccabili.

Non passa nemmeno un anno, il 19 marzo 1994, nella solennità di san Giuseppe per la chiesa cattolica, nel giorno del suo onomastico, a Casal di Principe, la camorra del clan dei Casalesi, uccide don Diana.

È chiaro che qualcosa sta cambiando dentro la chiesa, una nuova mentalità, una nuova consapevolezza, un'azione controcorrente rispetto ad un passato chiaroscuro, anche se la chiesa nazionale ancora stentava nelle formulazioni ufficiali della Conferenza episcopale italiana e le conferenze episcopali regionali del meridione procedevano gradualmente nei pronunciamenti contro la mafia.

L'omicidio di Diana è per il suo impegno di scuotere le coscienze, di lottare contro un sistema culturale, sociale e politico impoverito e arresosi al destino imposto dai clan e dalle loro famiglie, per metterlo a tacere, in totale solitudine.

Papa Francesco, nella veglia di preghiera per le vittime di mafia, il 21 marzo 2014 indossa la stola di don Diana, un forte gesto simbolico, come il discorso pronunciato il 6 giugno nella messa celebrata nella piana Sibari in Calabria, affermando che i mafiosi sono scomunicati e «la 'ndrangheta è adorazione del male e disprezzo del bene comune».

La chiesa ha ripreso forza nel sangue dei martiri, diviene seme rigoglioso di cristiani, queste terre sono simbolo della risurrezione (R. NOGARO, *Il ministero di sangue*, in G. FOFI, *Per amore del mio popolo*, 2010).

Nelle terre di Padre Puglisi e di don Diana, dove la mafia è molto radicata sul territorio, avviene una rottura con la cultura mafiosa, una novità assoluta e inedita in grado di appassionare tutto ciò che è pubblico, nel quale tutti devono poter vivere in una società di diritti e di doveri, in una vita regolata dalla legge.

Oggi nelle terre del clan dei casalesi della camorra sono fiorite iniziative fatte di comitati e di cooperative che riutilizzano socialmente i terreni confiscati chiamandoli le “terre di don Peppino Diana” (G. SOLINO, *La buona terra*, 2011), grazie al suo sacrificio è scattato un impegno di coscientizzazione, per incamminarsi nella logica della crescita umana nella città.

GRAFFIARE LE COSCIENZE

«Uno non deve mai amarsi
al punto da evitare ogni possibile
rischio di morte che la storia gli pone davanti.
Chi cerca in tutti i modi di evitare
un simile pericolo,
ha già perso la propria vita».
SANT'OSCAR ROMERO

Chi è don Peppe? È la fatale domanda del killer davanti alla sacrestia.

"I ragazzi prepararono un cartellone il 21 marzo 2009, eseguiti e allineati nella tragica sequenza: "Chi è don Peppe?" "Sono io!". Domanda e risposta, due frasi in successione, "siamo noi tutti, il suo popolo". Era questa idealmente, la risposta che avremmo voluto dare non solo al killer ma a tutti quelli che in quei lunghi e dolorosi quindici anni hanno mostrato di non comprendere quello che in realtà era avvenuto nella sacrestia della parrocchia di san Nicola in Casal di Principe di quel 19 marzo del 1994" (G. SOLINO, 2011).

Quando si parla chiaro, senza paura e senza tentennamenti, quando bisogna rendere testimonianza alla verità, senza peli sulla lingua e senza sfumare le finali per paura del quieto vivere, si è nel tempo della *parresia.*

L'azione di don Puglisi e di don Diana che li distingue da altre vittime e da altri martiri è che essi non perseguivano ordini politici, tantomeno giudiziari e repressivi. Il loro era un intervento culturale, morale (G. FOFI, *Militante dei valori*, in G. FOFI, *Per amore del mio popolo*, 2010), agivano sulle coscienze, non solo insegnavano qualcosa, e diffondevano cultura.

Come a Brancaccio, anche a Casal di Principe e in tanti altri posti, di fronte alla violenza della criminalità, all'ingiustizia diffusa, suona una campanella che risveglia coscienze anestetizzate, di laici e di religiosi, nel quale le forze dell'ordine e la chiesa stessa, per troppo tempo erano addormentati nel caldo tepore della mediocrità.

Don Diana inizia a far parlare di sé, nelle manifestazioni, nei cortei, nelle scuole, con gli scout e nelle omelie, era un prete eversivo, di rottura:

> Nella chiesa la gente ascoltava in silenzio, attonita e sconcertata, questo prete che parlava senza mezzi termini alle loro coscienze proferendo quelle verità che ciascuno di loro, ben conoscendole, teneva nascoste nel fondo del proprio animo, quasi dimenticandole per timore di mettere in crisi un equilibrio faticosamente mantenuto per tenersi fuori dai guai (R. D'AGATA, *Non tacerò*, 2013).

Inizia a salire sui tetti, a parlare con i ragazzi, a rompere il muro di silenzio che avvolge il paese. Le conseguenze della sua alzata di ingegno fu il documento *Per amore del mio popolo*, del Natale 1991, un atto pubblico contro il crimine organizzato, un manifesto teologico, politico e sociale, fatto distribuire nelle parrocchie della vicaria. Un prete *fuori tema*, rispetto al resto dei confratelli, dove le sue prese di posizione suscitavano apprensione nella comunità. Nell'appuntamento domenicale della messa, richiamava l'attenzione dei fedeli sul significato cristiano e civile della lotta contro l'ingiustizia.

Don Peppino era rimasto colpito da tante circostanze drammatiche, la violenza cieca di vite spezzate nello scontro tra bande rivali, la morte di un giovane innocente, un territorio dove si uccide per la passione di sete di potere e di denaro.

> La scelta di campo di don Giuseppe Diana trasforma la sua pastorale ordinaria in azione di emergenza, fatta di omelie scomode, prese di posizioni rischiose, scelte evangeliche contrarie alla cultura camorristica. Dagli atti processuali della Corte di Cassazione sappiamo che, per i giudici, egli è stato ucciso per non aver celebrato in chiesa i funerali di un camorrista. In realtà c'è molto di più: a

condannare don Giuseppe è stata la scelta di sottrarre i giovani ai tentacoli della camorra e di offrire loro un'alternativa di vita. lo stesso copione, con lo stesso finale vissuto di don Pino Puglisi. Lo illumina il ricordo nitido che conserva la mamma di don Giuseppe, Jolanda: «Quando gli dicevo: "Stai attento, non ti esporre", lui mi diceva: "Cosa faccio di sbagliato? Questo è il Vangelo"» (F. OCCHETTA, *Il sacrificio di don Giuseppe Diana*, in «La Civiltà Cattolica» in «La Civiltà Cattolica» 170/II, 2014, 389.

In terra di mafia la violenza è una cappa che annichilisce le coscienze e a Casal di Principe il disfacimento delle istituzioni civili, l'infiltrazione del potere della camorra nelle amministrazioni pubbliche, non fermano don Diana al ruolo profetico di denuncia e di impegno che gli davano materia di riflessione e di stimolo nel suo lavoro quotidiano, con parole semplici, chiare e dirette:

> Essere cristiani non è soltanto ascoltare la messa e ricevere la comunione come una sorta di rito consuetudinario. È molto, molto di più .. è soprattutto servire la Verità, gridarla dai tetti, non più soltanto nel chiuso di una chiesa. chiamare i violenti, i servi di mammona alla conversione (R. D'AGATA, 2013).

La legge che prevale nei luoghi a dominio mafioso è quella delle armi e della violenza, una sopraffazione fondata sull'omertà, sulla prevaricazione, sulle collusioni politiche e istituzionali, sull'isolamento e la solitudine dei giusti e degli onesti. "La terra di don Diana è ricca e produttiva, ma anche violenta, feroce, percorsa da fiumi di sangue che hanno fatto di Caserta e provincia la zona con il più alto tasso di criminalità" (D. CEGLIO, *La notte delle coscienze*, in G. FOFI, *Per amore del mio popolo*).

L'appello del prete di Casal di Principe, nel volantino distribuito nelle parrocchie, è un passo che offre la possibilità di fare qualcosa di concreto, di reagire alla violenza con la forza della Parola di Dio, con la decisione di uscire allo scoperto.

Il documento *Per amore del mio popolo,* non è l'unico gesto in cui egli ufficialmente scende in campo. L'invettiva tagliente e inusuale di don

Peppino intendeva richiamare la gente e le istituzioni a svegliarsi dall'assuefazione al male. erano come ciechi, quanto accadeva oramai era diventata un'abitudine, tanto da non vedere più il male, di accettarlo come realtà inevitabile e invincibile.

Di fronte al tragico fatalismo meridionale che paralizza ogni tentativo di reazione intellettuale e pratica, non c'è da meravigliarsi che la violenza della criminalità e dell'illegalità colpisce più ferocemente nella notte delle coscienze.

L'impegno dei cristiani, dei preti, della chiesa, nel documento *Per amore del mio popolo,* era non solo l'appello a fare la propria parte contro la presenza del male e della rassegnazione, tuttavia si avvertiva anche una sorta di frustrazione quando si è esposti e si è lasciati soli:

> Una santa ribellione nei confronti di chi, accecato dal mito del denaro e del potere, non si cura di prevaricare, sopraffare, uccidere. Questo è il male che Gesù ci ha chiamati a combattere. Un chiaro monito al quale tutti, compresi noi sacerdoti, non possiamo sottrarci (R. D'AGATA, 2013).

I GIOVANI E LA LEGALITÀ

«Cristo vuole che tutti i fratelli
operino per la liberazione dei loro fratelli.
La promozione umana,
la lotta contro le cause delle ingiustizie,
la conquista della dignità,
sono il modo con cui
gli uomini possono contribuire
alla salvezza e alla redenzione».
HÈLDER CÂMARA

La mafia, la camorra, la 'ndrangheta, la sacra corona unita, sono malattie che crescono in realtà sociali nel quale la legge, le regole, i diritti e i doveri, non sono osservati e non sono viste come lo sviluppo morale e culturale di un popolo, per un ordinato progresso civile e umano delle persone e delle istituzioni.

I comportamenti, il modo di pensare e di agire, non avvertono il carattere deviante della "cultura mafiosa", anzi, il corpo sociale tende a non rigettare disvalori e visioni della vita considerati "normali". Le zone grigie e il sottobosco di comportamenti collusivi come la corruzione, la raccomandazione, contribuiscono alla "cultura e alla mentalità mafiosa".

Nel meridione manca una società di diritti e di doveri, e per poter vivere in una società regolata dalla legge non sono sufficienti modelli ed esempi sociali ma anche interventi educativi:

L'illegalità, è l'altra faccia della mafia, la forza attraverso il quale la violazione e l'infrazione anche delle regole più elementari o l'assenza di concezione di regole, finiscono per consolidare nell'individuo e nella collettività comportamenti e atteggiamenti che favoriscono l'eldorado delle organizzazioni mafiose (V.L. MANULI, 2018).

La lotta contro le forze del male, in tutte le sue forme, è lunga, e quella contro un avversario organizzato come la criminalità, fortemente radicata sul territorio, che dispone di un enorme capitale sociale di complicità e di alleanze, è chiaro che per essere sufficientemente contrastata occorre creare una cultura della legalità. Questa lotta avrebbe dovuto trovare alimento in una maggiore credibilità dello Stato, partendo da zero, apprendendo l'onestà, il rispetto della legge, di considerare il denaro un mezzo per vivere e non l'unico scopo della vita.

Don Diana segue con passione e con competenza i giovani, in particolare gli scout, divenendo un punto di riferimento. Riusciva a discutere di questioni difficili e personali, guardando alla vita con un approccio semplice, essenziale e di fiducia, cercando di entrare dentro i problemi, per affrontarli, fuori degli schemi sacrali. In lui stimolavano alcuni interessi e valori come il rispetto per la legalità, per la natura e l'impegno per la giustizia.

La legalità è un concetto troppo importante e abusato, laddove non sono osservate le minime regole elementari oppure si ha di essa una percezione astratta e teorica si ha una visione molto distante dalla realtà:

Legalità e non legalismo è una parola incompiuta, talmente divinizzata e venerata che nella pratica quotidiana non solo non c'è rispetto della legge ma sembra che vivere in conformità alle norme sia ormai inutile tanto che si parla di trionfo dell'illegalità (V.L MANULI, 2018).

L'impegno di don Diana con i giovani, in parrocchia, nelle scuole, nel volontariato, era di preparare i giovani e di cercare di risvegliare le coscienze degli adulti. Il suo, come quello di tanti altri testimoni, si è dimostrato intollerabile per la camorra, il loro era un intervento culturale, di diffondere valori contrari a quelli su cui si basa la mafia:

> Il prete diffonde una cultura e la difende. Questa cultura è quella del cristianesimo. Da essa conseguono, o dovrebbero conseguire, criteri di giustizia sociale, di solidarietà, di aiuto ai deboli, di lotta per una società migliore informata ai valori che i Vangeli hanno narrato e diffuso (G. FOFI, 2010).

I giovani sono affascinati dal mito del potere e del denaro, spesso rappresentano un'utile manovalanza alla criminalità nel reclutarli per il controllo del territorio, per mancanza di modelli e di punti di riferimento:

> La forza del modello proposto da don Puglisi e don Diana sta nella loro collocazione sul territorio e nella portata antropologica del loro intervento, in grado di modificare la mentalità, i riferimenti culturali ed etici di persone e gruppi sociali che vivono in quel territorio. Né più né meno. Ed è moltissimo, è così tanto da mettere in crisi organizzazioni criminali consolidate e fortissime (G. FOFI, 2010).

In un contesto sociale e culturale a forte densità mafiosa, i giovani e gli adulti assorbiscono regole, cultura e interpretazione della vita, nei rapporti con gli altri e con la società. La mafia si vince con un spirito nuovo nel quale si resiste al male e le istituzioni diventano centrali di legalità e diano vigore morale. Ad esempio la scuola, è necessario che formi culturalmente a ciò che è pubblico e alla legalità, promuovendo la partecipazione attiva, appassionando a tutto ciò che riguarda la città.

> Nel caso di don Diana in particolare e con maggior evidenza, il "lavoro sul territorio" era anche la conseguenza logica di un'appartenenza. Don Diana era nato e cresciuto, e aveva vissuto e verificato al sua vocazione su quello stesso territorio dove era stato poi insediato in qualità di parroco, continuando e precisando detta vocazione (G. FOFI, 2010).

Cosa c'entra l'impegno per la legalità con un prete? Per don Diana la fede non si può vivere separatamente dall'impegno sociale e le strade della comunità ecclesiale si incrociano con quelle della società civile.

La coscienza del credente non lascia indifferenti davanti alla violenza, senza compromessi con le istituzioni se non c'è legalità e senza rapporti con i politici se non fanno il loro dovere e sono in varie forme collusi con l'illegalità e la mafia.

LA CHIESA DEL SILENZIO

«La mafia non ha disturbato la religione,
anzi se ne è fatta ancella.
E la religione non ha disturbato la mafia,
anzi, se ne è fatta in parte complice».
ISAIA SALES

«La mafia uccide, il silenzio pure».
PEPPINO IMPASTATO

C'è la chiesa che tace e la chiesa che parla, e di quest'ultima ne parleremo nel successivo capitolo. La prima, ha attraversato un lungo e faticoso cammino, prima di uscire dal letargo, dove i singoli preti e qualche vescovo, sono stati lasciati soli. Sono diverse le motivazioni, culturali, storiche, psicologiche, pastorali e teologiche, aggiunte al deficit di moralità e di spiritualità. Il processo è ancora in atto, una tensione che interroga sulle prudenze, le lunghezze, la *parresia* e la presenza nel tempo e nella storia di essere "segno di contraddizione: "La chiesa del silenzio, è storia di un rapporto poco conosciuto e poco studiato, un mondo complesso di complicità, di connivenza e convenienza, di negazione e di sottovalutazione" (MANULI, 2018).

La chiesa che tace, è fatta anche di cattive testimonianze, di rapporti controversi, Un silenzio definito da qualcuno "storico", probabilmente per la prevalenza di modelli di una chiesa troppo centrata su sé stessa, di un eccessivo clericalismo, di ricerca del potere, di una chiesa ripiegata sull'aspetto gerarchico, non comunionale, diffidente verso il mondo.

La reazione ufficiale della chiesa è stata tardiva, se si esclude qualche presa di posizione locale, lo rottura ufficiale si avrà con san Giovanni Paolo II in Sicilia, e fino ai nostri giorni, papa Francesco, dichiarando perentoriamente che "non si può essere cristiani e mafiosi".

C'è anche una chiesa che parla, di presuli coraggiosi, non solo di Puglisi e di Diana, "ci sono preti ammazzati che si opponevano ai capi mafiosi locali ma nessuno ne parla" (I. SALES, *I preti e i mafiosi*, 2016), e una chiesa che fa fatica nella profezia.

Non solo non sono mancante le denunce, la chiesa del silenzio è quella troppo interessata ad una teologia lontana dalla pastorale, con il risultato di un clero impreparato, ma anche di una certa complicità e di una visione pastorale insufficiente nel vedere la mafia quale nemico del bene comune.

La mafia ha così potuto espandersi, per l'assenza dello Stato e dell'impegno delle istituzioni e con la chiesa, – onestamente –, ha approfittato per la strumentalizzazione religiosa, gestendo feste, finanziando opere ecclesiali, al fine di mostrarsi e di acquisire consenso sociale, e legittimarsi.

Sono i fatti a parlare, gli interventi, i documenti, le prese di posizione ufficiali, ad esempio, solo nel 2010 la conferenza episcopale italiana fa rientrare nelle "strutture di peccato" il peccato mafia, e per essere attuali, oggi si discute sulla scomunica e sulla predicazione dei preti, nelle omelie e nelle catechesi.

La scarsa capacità di analisi e di lettura del fenomeno, di proposte e di progettualità, di visioni larghe e di sguardi profondi sul territorio per interrogarsi sui problemi sociali, sono sintomi di fatica nel riscoprire una chiesa incarnata e liberante, anche a sostenere pastori coraggiosi e lungimiranti, che con il loro operato rivalutano la chiesa e il cattolicesimo.

Sarebbe una grave iattura se la chiesa perdesse la sua sensibilità nei confronti del mondo al quale è stata mandata, se non incoraggiasse i suoi figli più *es*-posti, mostrandosi materna. Alla chiesa e ai suoi rappresentanti, si impone un cambiamento di stile, di forma e di servizio, il cui volto risplende nella santità dei suoi figli, anzi, dipende da essi, sono i santi e la santità che il concilio vaticano II attende, segno della presenza viva di Cristo nel mondo.

LA CHIESA CHE PARLA: PER AMORE DEL MIO POPOLO NON TACERÒ

«Oltre alla lettura della Bibbia,
che è Parola di Dio,
un cristiano fedele a quella parola
deve leggere anche i segni dei tempi,
gli eventi, per illuminarli con quella parola».
SANT'OSCAR ROMERO

«C'è un tempo per tacere
e un tempo per parlare».
(*Qo*, 3,2)

Il credente dovrebbe avere viva la Parola dentro, assimilarla e proclamarla con coraggio, risuonare limpida, vera, senza sofismi umani o interpretazioni di parte, da una vita pura e senza ambiguità. Senza la meditazione, la sosta davanti al tabernacolo, senza l'alimentazione della preghiera, la spiritualità sarà appariscente e la pastorale infeconda. Perché l'azione del prete non rimanga solo un desiderio, ma sia in sé stessa un'ascesi quotidiana, cioè divenga un'esistenza teologica, occorre la frequenza con Gesù Cristo, la dimestichezza con Lui, una familiarità che mostri di non trasmettere una dottrina o un'idea, ma l'incontro con una persona veramente vissuta.

La vera priorità del prete è offrire un momento della giornata alla presenza di Dio nella preghiera, la più importante, per poter rispondere alla chiamata del Signore e perchè l'apostolato sia fruttuoso, riconoscendo tra le pieghe della quotidianità il Suo agire.

Don Peppino si era fatto "cultore della Parola", la Parola pulsava dentro di lui, ascoltandola e mettendola in pratica. Era ciò che avevano ben capito i suoi parrocchiani e i giovani, e aveva colto sul vivo qualche coscienza cattiva di troppo.

Il culto della Parola era anche culto dell'altro, amore verso il suo popolo, annunciandola con ardimento profetico, contro il letargo delle coscienze:

> Se l'uomo del nostro tempo attende qualcosa, è proprio la parola. Quella vera. Quella che non riporta soltanto il linguaggio di una politica, di una istituzione e di una consuetudine. Ma la parola che trasforma l'uomo, la parla che fa nuova la vita: " Tu solo hai parole di vita eterna" (R. NOGARO, 2010).

La Parola la si annuncia con l'esempio, con la vita, ecco che la catechesi e l'omelia diventano attualità, che parlano al vissuto concreto della gente, situato in un tempo e in un luogo rivolto a destinatari precisi.

Anche oggi, il parroco parla alla sua parrocchia, per non rimanere indifferenti a quello che accade, a non rimanere inermi osservatori, ma di contrapporre all'imposizione violenta della legge della sopraffazione e dell'odio, la diga della dignità e dell'amore e farne memoria:

> Ecco perché oggi è essenziale fare del ricordo un pungolo di coscienza, una memoria viva. E un grande stimolo ci viene, in questo frangente in cui la sacra parola "popolo" rischia di diventare un concetto ambiguo, strumentale, una foglia di fico alla sete di potere dei "populisti", proprio dal documento *Per amore del mio popolo non tacerò* he don Peppe scrisse e pubblicò (L. CIOTTI, *Dio, popolo e rigore morale: l'attualità di una voce scomoda*, in «Famiglia cristiana», 11/2019, p. 31).

Con il volantino *Per amore del mio popolo*, don Diana crea una forte opinione di coscienza, una presa di posizione pubblica come chiesa locale a difesa della comunità. Era una lettera aperta a tutti, una protesta, un moto di rabbia che costrinse le autorità a muoversi.

Il testo preparato da don Peppino insieme ai sacerdoti della forania, fu distribuito all'uscita della messa del giorno di Natale. I contenuti del documento erano dettati dalla preoccupazione per l'*escalation* della violenza, la camorra come forma di terrorismo, la responsabilità della politica e degli organi dello Stato, la scarsa testimonianza dei cristiani e l'appello alla chiesa perché non rinunci al suo ruolo profetico, sono alcuni frammenti per permettere a tutta la chiesa e alle parrocchie di «riscoprire quegli spazi per una ministerialità di liberazione, di promozione umana e di servizio».

Il titolo eloquente *Per amore del mio popolo*, è un grido di dolore, oltre che di amore, elevato senza animosità, un implicito *punto di non ritorno* rispetto a pezzi di chiesa tradizionalmente attenti a non addentrarsi nei temi relativi a mafia e criminalità organizzata. Il contenuto non è solo una pesante denuncia della camorra, fa anche delle proposte, richiama ciascuno alla responsabilità, ai compiti della chiesa e delle istituzioni civili:

> Colpisce, di quel testo la profezia e la profondità di sguardo. Don Peppe non si limita a denunciare il male, ma ne mette in luce il legame con un più generale vuoto di coscienza e di civiltà. (...). Ci sono le responsabilità politiche, i vuoti amministrativi e istituzionali, la burocrazia, il clientelismo, il dilagare della corruzione. C'è l'invito alla Chiesa a farsi più tagliente e meno neutrale, più coerente con la prima beatitudine del Vangelo che è la povertà, in quanto distacco dal superfluo, da ogni ambiguo compromesso e privilegio. Ci sono insomma le indicazioni essenziali per costruire comunità in cui tutti contribuiscano alla libertà e dignità di ciascuno (L. CIOTTI, *Dio, popolo e rigore morale: l'attualità di una voce scomoda,* 31).

Un termine chiave è "progettualità", cioè, elaborare piani pastorali legati alla realtà e ai bisogni della gente, uno strumento educativo per aiutare in un cammino progressivo e comune delle parrocchie del territorio sulle questioni della legalità, non tutte abituate a confrontarsi con i problemi sociali e per guardare in faccia le questioni legate alla presenza della camorra.

La presa di posizione di don Diana crea un forte impatto sulla pubblica opinione.

I richiami biblici, la Parola di Dio, il compito della profezia e della testimonianza, non erano un desiderio inespresso di mettersi in mostra ma l'intervento era profondamente sentito dall'*amore verso il suo popolo*, prendendo sul serio l'esigenza del vangelo.

I forti torni usati, l'inusuale iniziativa per la prassi ecclesiastica non fu colto immediatamente da tutti per la sua reale portata teologica, pastorale, sociale e liberatrice. È stato un seme dal quale è cresciuta una pianta, nella direzione di un impegno più deciso della chiesa verso una pastorale di liberazione delle mafie.

NON C'È AMORE SENZA DOLORE

«Nel Calice il vino diventa sangue
che è stato il prezzo della salvezza.
Possa questo sacrificio di Cristo
darci il coraggio di offrire
il nostro corpo ed il nostro sangue
per la giustizia e la pace del nostro popolo.
Questo momento di preghiera
ci trovi saldamente uniti
nella fede e nella speranza».
SANT'OSCAR ROMERO

Il forte titolo dato alla lettera, e il contenuto di essa, ebbe un eco al di fuori della forania e della regione, ripreso dalla stampa locale e nazionale. L'*amore verso il popolo* implica anche un uscire da sé, un *es*-porsi, una scelta di campo, accettando i rischi e le conseguenze di essere fraintesi.

L'ennesimo omicidio e questa volta di un innocente giovane ucciso per sbaglio, un testimone di Geova che si stava recando con alcuni coetanei all'incontro di preghiera alla Sala del regno, era senza spiegazioni, e questo aveva rotto l'incantesimo.

Il progressivo degrado dell'ambiente, morale e civile, aveva suscitato in don Peppino e nei preti della forania un forte senso di dolore tale da indurli ad una riflessione. Era necessaria un'attenta analisi della situazione del territorio, con idee e proposte, e la chiesa doveva farsene carico:

«Ai preti chiediamo di parlare chiaro nelle omelie e in tutte quelle occasioni in cui si richiede una testimonianza coraggiosa» (*Per amore del mio popolo*).

Il prete di Casal di Principe ha l'esigenza di non perdere la responsabilità, di essere vicino alla gente, di essere pastore in mezzo al gregge e non diventare un burocrate sacro. È predicatore, amministra i sacramenti, presta un servizio spirituale che implica anche la dimensione umana. L'attenzione di don Diana era tesa a curare il lavoro di formazione delle coscienze, l'amore ai poveri, ad essere sempre più immersi nell'esperienza esodale del popolo di Dio, compagni di viaggio, di non escludere la condivisione delle sofferenze, dove l'amore e il dolore sono inscindibili.

L'amore implica anche delle rinunce, di dire no al male, un perdersi per l'amato, per Dio:

> Occorreva fare di più. Occorreva gridare alto e forte il sacrosanto "NO" a quello stato di assedio, a quello sfacelo di uomini e di coscienze, al regno del male che pareva non avere più argini né confini. Occorreva richiamare le coscienze al dovere di reagire, di resistere, di contrastare con la forza della verità il dilagare della sopraffazione e del dolore (R. D'AGATA).

La capacità di saper dire di no alla prepotenza, all'illegalità, al male, deve essere gridato sopra i tetti, nelle strade, nelle case e nelle piazze, anche al costo di essere soli. Il compito assunto da don Peppino è di guardare al cielo senza dimenticarsi della terra, dove la centralità di Dio non deve svuotarsi nello zelo dell'azione:

"Nell'eccesso delle cose esterne, il Signore è il centro che dà senso a tutto e riconduce all'unità, nel quale il cristianesimo è una cosa semplice, Dio c'è è vicino in Gesù Cristo (Benedetto XVI)", portando Dio si porta l'amore, la fede e la speranza, e la dimensione della vita vissuta è la migliore testimonianza per Cristo.

La chiesa ha uno strumento nelle sue mani, il vangelo, calandosi nella realtà, in un cammino di impegno spirituale e sociale per la giustizia e gli ultimi, accompagnando il popolo di Dio, testimoniando di più una chiesa che serve i poveri e gli ultimi, dove c'è emarginazione, disagio, disoccupazione.

Il martirio di don Peppino, come quello di don Puglisi, del vescovo Romero, "ministri del sangue", e di quello di chi si impegna ad ascoltare e interpretare alla luce del vangelo le istanze e le aspirazioni del popolo, sono una testimonianza di fame e di giustizia in coerenza con il vangelo:

> Il parallelo don Puglisi-don Diana è molto calzante e importante, perché si tratta di due figure di sacerdoti fondamentali per la Chiesa italiana. Sul finire del Novecento. Due parroci che hanno testimoniato come la Chiesa sia dalla parte dei deboli e degli oppressi anche quando il sistema culturale e sociale ritine normale ciò che accade in certe terre e le istituzioni non intervengono. Da quanto punto di vista don Peppe Diana è fondamentale per il Casertano, ma anche per l'Italia, più don Puglisi, perché la sua fu una predicazione evangelica anticamorra. Una vita pubblica, come quella di Gesù, durata poco più di tre anni, dal luglio e del 1991 al marzo 1994, in cui ha insegnato alla comunità casalese e al mondo che la camorra non aveva ragione e che i clan erano il male (L. FERRAIUOLO, *Don Peppe Diana e la caduta di Gomorra*, 2019).

Il 24 marzo 1980 il vescovo Oscar Romero, proprio nel momento in cui stava elevando il calice nell'Eucaristia viene assassinato e le sue ultime parole sono ancora per la giustizia.

La profezia dei martiri si è realizzata, hanno sparso il sangue per aver disturbato potenti attività criminali:

> Lui era convinto che fosse dovere di un prete e soprattutto di un parroco sensibile ai problemi della comunità della quale era il pastore, quello di proiettare i valori cristiani, la loro difesa e soprattutto la loro applicazione concreta anche nelle scelte e nei comportamenti non solo della sfera privata, ma anche nella vita di relazione e soprattutto nell'agone politico nel quale erano in gioco gli interessi della comunità (R. D'AGATA, 2014).

Quando si accetta una vita senza compromessi e la Parola di Dio risuona tagliente, essenziale, profetica e libera, il Signore chiede di portare questo peso che pone sulle spalle dei suoi servi, sostenendo il coraggio di scelte difficili e sofferte.

Il profeta, assediato dal gemito dei poveri e dell'ingiustizia, dal dolore di tanta gente, dalla sofferenza di un mondo inquieto, discerne i sentieri dell'impegno, i traguardi essenziali e i percorsi urgenti da attraversare dove bisogna salvare dal naufragio un popolo pericolante.

CORRESPONSABILITÀ CRISTIANA E CIVILE

«Le nostre comunità cristiane
devono promuovere
una strategia di coscientizzazione,
di educazione alla giustizia
e alla carità, di stimolo
alla partecipazione.
È necessario stimolare
una formazione politica seria
per il nostro popolo».
DON TONINO BELLO

La forma pastorale di don Diana non è quella di un navigatore solitario, ma di ricercare una presenza ecclesiale differente che consisteva nel progettare insieme, nel lavorare insieme, cercando consensi con la società attorno ai valori che vanno nella direzione dell'uomo e nella direzione di Dio. Aveva aperto un oratorio per accogliere i ragazzi, per offrire un'alternativa alla camorra, per realizzare azioni educative e didattiche sui temi dell'impegno sociale e civile per una cittadinanza attiva. Sin da giovane fu vicino allo scoutismo del quale divenne assistente, sposando l'ideale per l'integrazione nell'ambiente sociale.

La chiesa che ha in mente è verticale e orizzontale, quella orizzontale è la nostra vita, la comunità, la gente, dove non deve mancare la tensione sociale e lo sguardo verso l'alto.

Le sue iniziative sul territorio molto esposto alla camorra, ha tentato di sensibilizzare anche la società civile e le istituzioni presenti, soprattutto il mondo della scuola, una terra bisognosa di cultura per debellare la mentalità mafiosa che ne condiziona la crescita.

Non è solo la capacità personale – anche se il talento di ciascuno è un dono messo al servizio di Dio –, è dovere di ogni battezzato e di un prete di non annunciare se stesso, o opinioni personali, ma si è "incaricato" di farsi eco e portatori di una sola parola, nella chiesa e per la chiesa, nella società civile e per la società civile.

Il prete ha la sua radice in Cristo, il fondamento è la relazione con Lui, non è soggettiva e privata, è ecclesiale, con tutto il corpo di Cristo, partecipe della missione di Cristo a portare a tutti il dono della fede, di offrire a tutti la salvezza. C'è una prima corresponsabilità da vivere all'interno della chiesa, per essere a sua volta chiesa e presenza nella società, nel desiderio di presentarsi al mondo collaborando con le istituzioni pubbliche, schierandosi con chi si impegna a rimuovere situazioni di violenza e di ingiustizia, nella capacità di denunciare profeticamente le gravi forme di sopraffazione e di povertà presenti sul territorio.

Il prete non è un solista, ha bisogno di operatori pastorali, che a sua volta collaborano con la società civile dove eventi e circostanze diano l'occasione di incontrare nella missionarietà e poter dire una parola sovversiva.

Don Diana con la sua azione pastorale aveva messo in moto non solo la parrocchia, anche altri preti, la diocesi stessa, le autorità militari, i mezzi di comunicazione, le istituzioni. La sua è stata una scelta di un modo di essere chiesa e di essere prete, non burocrate, a stare in sacrestia a contare candele, ma corresponsabile di tutta la parrocchia, perché il parroco non rimanga solo, portando un contributo al discorso politico, culturale e sociale.

È stata una spina nel fianco nella coscienza pubblica, indicando il compito della comunità ecclesiale di evangelizzazione e di promozione umana integrale, senza sostituirsi allo Stato, per dare una mano e contribuire alla cultura della libertà, della solidarietà, della giustizia e della pace.

La missione del prete rinvia al servizio del pastore, egli non deve mai accontentarsi della schiera di coloro che stanno bene, e la chiesa non deve ritirarsi comodamente nel suo ambiente, invece è incaricata alla sollecitudine universale e deve preoccuparsi per tutti, cioè occuparsi di coloro che vivono e credono con la chiesa, cercando la strada della vita, anche per uscire per le strade e le siepi (Cf. *Lc* 14,23).

NON TACERE E PARLARE LA PAROLA

«Ti scongiuro davanti a Dio e a Cristo Gesù
che verrà a giudicare i vivi e i morti,
per la sua manifestazione
e il suo regno annunzia la parola,
insisti in ogni occasione opportuna
e non opportuna,
ammonisci, rimprovera, esorta
con ogni magnanimità e dottrina»
(*2Tm* 4,1-2).

I pastori del popolo di Dio hanno l'incarico ecclesiale di essere guida, di ammaestrare e trasmettere la Parola, di non spadroneggiare sul gregge, di scuotere le coscienze assopite, di alzare la voce e generare impegno civile e sociale. L'annuncio della Parola del vangelo ha tutto il suo peso biblico, la cui accoglienza è performativa, essa fa ciò che dice, ed è stata la scelta chiara e limpida di Don Diana, al vertice di ogni preoccupazione pastorale.

Egli pensava e pregava se tutto quello che stava succedendo, se questa battaglia per la giustizia e la legalità era dettato da una ambizione farisaica e personale di mostrarsi, oppure l'urgenza nasceva dalla forza della Parola. Essa chiamava ad una scelta, di stare dalla parte degli emarginati, dei poveri, di chi è vittima dell'ingiustizia e dell'oppressione dei potenti. Era necessario che qualcuno faceva il primo passo per agire, non bastava prendere atto dello stato di abbandono in cui si era costretti a vivere, nella situazione di assedio della criminalità. L'imperativo religioso e morale di don Peppino è *l'ora di fare*, di risvegliare le coscienze, anche rischiando di esporsi troppo.

Il prete è un ambasciatore, un portavoce che serve una Parola di cui non è padrone, non gli appartiene, è un *diakonos*, ponendosi come schiavo davanti al suo Signore, come Gesù, obbediente al Padre, nel quale il servitore a sua volta si fa ubbidiente al Maestro.

Nel servizio di questa Parola, occorre chiarezza, come Gesù che ha parlato sempre con *parresia*, ossia con franchezza, chiedendo a ciascun cristiano di rendere conto di quanto Lui opera nella nostra vita, perché è Lui ad agire.

In don Diana la Parola è al centro del suo apostolato, una scelta di campo *eversiva* e *sovversiva*, fuori dagli schemi, dove generalmente, nelle omelie, non si pronunzia mai la parola mafia o camorra o 'ndrangheta, e non solo per una questione linguistica.

"Nel caso suo, forse, il pronunciare queste parole avrebbe potuto spingere a interrogarsi come Chiesa locale sulla eventualità di aver lasciato fino ad allora don Diana solo; un prete che, quasi unico, parla, in quanto prete, contro la camorra. solo, nella sua generosa battaglia per la giustizia, per la legalità e nel suo annuncio concreto del Vangelo in un territorio dominato in modo incontrastato dalla camorra. e avrebbe potuto significare arrivare a riconoscere di non aver attuata alcuna progettualità di liberazione di fronte al peccato camorristico. Per questo, forse, c'è stato quel silenzio" (R. GIUÈ, *Il costo della memoria*, 2007).

Il territorio di Casal di Principe era nelle mani della camorra, la violenza e la prepotenza avanzavano indisturbate, e con lui la chiesa scelse di non stare in silenzio.

La forte identità sacerdotale di don Diana, il coraggio di far emergere il primato della Parola a farsi carne, non poggia solo sull'abilità oratoria dell'omileta che scuote le coscienze dell'uditore, perché tutt'al più impressiona sul momento. È la forza dello Spirito che abita la sua Parola e ridice nell'oggi l'antica Parola evangelica facendola risuonare nella sua novità e attualità, che viene ad abitare in mezzo a noi, a liberare il messaggio e farlo correre veloce. Le parole fanno, trasformano, generano se vivificate dallo Spirito, entrano nelle coscienze, scorrono per mostrare un modo diverso di essere cristiani e chiesa nel territorio di criminalità.

L'insegnamento di don Peppino, è la proposta di *stacchi sovversivi* di fronte ad una chiesa troppo ripiegata su stessa, all'interno di un mondo culturale che si rapporta a Cristo e la sua chiesa in termini di indifferenza, di superficialità e di distacco, se non di lotta.

Le comunità ecclesiali spesso sono ingessate, ferme agli schemi sacrali, e fanno fatica ad annunciare, ferme a loro volta ad un impianto sacrale della società, mancanti della gioia coraggiosa, della buona notizia rivoluzionaria e sconvolgente, reduci da un clima di cristianità orami superato. Questa visione che fa parte di un passato lontanissimo, chiede uno sguardo rinnovato, domandandosi e risignificando il ruolo della parrocchia, essa è una chiesa vicina alle case altrimenti rischia di rimanere ubicata tra le abitazioni senza la capacità di assumere i bisogni, le ansie le sofferenze e i problemi del territorio.

Bisogna ridisegnare il volto della chiesa, che la faccia somigliare di più al volto di Cristo, di fare delle scelte chiare e concrete, di rifiutare il denaro pubblico, della trasparenza dei bilanci, la vigilanza sulle collaborazioni contigue al fenomeno mafioso, rappresentano il minimo per una denuncia profetica e per le proposte operative il cui contenuto è credibile.

EUCARISTIA SCUOLA DI VITA E DI SPERANZA

«Se mi uccideranno risorgerò nel popolo salvadoregno».
SANT'OSCAR ROMERO

«È straordinario come la messa
copre tutto l'arco della giornata.
Tutto diventa offertorio.
Spiritualmente, è così
che trascorro tutti i miei incontri della giornata,
offrendo le gioie e le sofferenze,
le speranze e le paure,
le virtù e le debolezze».
HÉLDER CÂMARA

È profondamente terribile solo il pensiero e fa venire i brividi del tremendo martirio di don Diana, strettamente collegato all'Eucaristia, prima di celebrare la messa, il sacramento dei sacramenti, il grande Sacramento dove si vive la comunione con il signore Gesù Cristo, fedele al comando di Gesù «fate questo in memoria di me», e sale con Lui sul Calvario.

L'Eucaristia è il tema generatore della giornata del prete, il richiamo all'essenziale, la strada del servizio, perché ci si eleva servendo. È l'Eucaristia che spinge all'azione, e se si perde questa centralità si svuota anche lo zelo dell'agire. È il centro assoluto dell'esistenza sacerdotale e di ogni giornata, tutto si apprende dall'Eucaristia, che non ammette pigrizie, rifiuta la sedentarietà, è contro ogni prevaricazione, contro ogni dominio e contro ogni arroganza.

Quando il prete si prepara alla messa, non ripete un rito, non è distratto dal mistero che si appresta a vivere, vive la tensione di amore e di trepidazione di ogni passo, come gesto culmine di un traboccamento di fede che alimenta le speranze del mondo.

Don Peppino non è stato impedito nella celebrazione della messa, aveva già anticipato le parole del canone eucaristico, preparandosi al grande banchetto festivo senza tempo.

L'Eucaristia prende tutto, considera che la vita del prete è a tempo pieno e non a mezzo servizio, e ciò avviene quando egli è solidale con le passioni del mondo, con la storia, con i suoi problemi, col suo pianto, con le sue lotte, con le sue vittorie. Tutto si svolge nella dimensione teocentrica, perché deve conoscere Dio dal di dentro e portarlo agli uomini, è questo il servizio prioritario di cui l'umanità ha bisogno.

La logica dell'Eucaristia è il servizio, è mettere i piedi sulle orme di Gesù, imitazione che si oppone a ogni forma di potere, non amoreggia con i potenti, è amante degli ultimi posti e non innamorato delle luci della ribalta:

> Per noi presbiteri ogni impegno vitale, ogni battaglia per la giustizia, ogni lotta a favore dei poveri, ogni sforzo di liberazione, ogni sollecitudine per il trionfo della verità devono partire dalla tavola, dalla consuetudine con Cristo, dalla familiarità con Lui, dall'aver bevuto al calice suo con tutte le valenze del suo martirio (T. BELLO, *L'eucaristia bandolo della matassa,* in *Un testimone giunto dall'avvenire*, 2009).

Non c'è linguaggio profetico più chiaro, capace di toccare le coscienze, di infondere coraggio e di innescare cambiamenti, una vita spesa per il vangelo, che denuncia la distanza incolmabile tra i valori che esso proclama e gli dettami della mafia.

Don Diana deve scegliere, si schiera, rischia la vita, ed è evidente che la forza della Parola è stata la chiave di tutta la sua vita. Quell'ultima messa negata e quelle parole mai pronunciate, il 19 marzo 1993, adesso sta a tutta la chiesa ripeterle e farne eco, anche per quella parte di chiesa troppo prudente e silenziosa, quando di non aperta tolleranza verso il fenomeno mafioso:

> È una chiesa che, pentita dei troppi prudenti silenzi, passa il guado. Si schiera. Si colloca dall'altra parte del potere, rischia la pelle, e, forse, non è lontano il tempo in cui sperimenterà il martirio (T. BELLO, *La profezia oltre la mafia*, 1991).

Nell'Eucaristia il Signore si dà nelle mani del prete, e quel giorno, in sacrestia, era accaduto che toccava a don Peppino darsi nelle Sue mani, divenendo anche lui seme, così come recita la scritta sulla sua tomba nel cimitero di Casal di Principe:

«DAL SEME CHE MUORE NASCE UNA
MESSE NUOVA DI GIUSTIZIA E DI PACE».

Il finale dettato dalla violenza mafiosa non sminuisce la ricchezza della dignità del ministro di Cristo, è il vertice dell'azione pastorale del prete, fedele nell'entrare nei suoi sentimenti per rinnovare il sacrificio della Croce, che chiama ad una più intima amicizia con Lui, che lo ascolta con docilità e lo segue fedelmente, impara a tradurre nella vita e nel ministero pastorale il suo amore per la salvezza delle anime.

Il martirio di don Peppino è in linea con i profeti che denunziano l'ingiustizia e rifiutano il peccato e soprattutto nel vivere e annunciare con il vangelo, la liberazione dal male e dal peccato, la speranza di una vita nuova.

LA CASULA LA STOLA E IL GREMBIULE

«A me piace moltissimo
l'icona della chiesa del grembiule,
che tralascia,
i segni del potere
e sceglie il potere dei segni».
DON TONINO BELLO

«Le spaventose condizioni in cui versavano
i cristiani mi sconvolsero. (..) Ascoltai un
sermone sul sacrifico di Gesù per la nostra redenzione
e per la salvezza del mondo.
Mi ritrovai così a riflettere sull'amore di Gesù per noi (..).
Ciò mi condusse a essere testimone per la vita dell'amore
e del sacrificio di Cristo, ponendomi al servizio
di quei cristiani, specialmente dei poveri,
dei bisognosi e dei perseguitati».
SHABBAZ BATTHI

La vita di don Peppino è stata accostata al vescovo martire della repubblica del Salvador, il beato Oscar Romero, ucciso durante la messa mentre sollevava l'Ostia consacrata, per l'impegno di liberazione a favore degli ultimi e dei poveri e per la testimonianza versata con l'offerta della vita.

Entrambi indossavano i paramenti sacri, macchiati di sangue.

In loro è possibile vedere quella chiesa *eversiva*, la chiesa che non rimane rintanata nel recinto sacro e troppo preoccupata di sé stessa, ma la *chiesa del grembiule*, auspicata e profetizzata dal vescovo di Molfetta, don Tonino Bello, la *chiesa in uscita* di papa Francesco.

L'espressione *chiesa del grembiule* è stata coniata proprio dal vescovo pugliese, per indicare un ritorno al vangelo, ad essere lievito nella massa, di una chiesa libera, povera e serva, guardando al ministero di Gesù che durante il giovedì santo, giornata eucaristica e di istituzione del sacerdozio, Egli lava i piedi ai discepoli:

> Può sembrare irriverente accostare alla stola il grembiule, perché essa richiama i paramenti sacri, diversamente il grembiule, un panno di servizio, sporco. Gesù indossò un grembiule il giorno del giovedì santo, non c'erano amitti, camici, solte. E piviali, e con un gesto sacerdotale si cinse i fianchi (A. BELLO, *Stola e grembiule*, 2004).

Don Tonino afferma che la stola e il grembiule per un prete devono essere indossati insieme. Stola e grembiule sono il diritto e il rovescio dello stesso paramento sacro, "la stola che ci fa ministri del vangelo ed il grembiule che ci fa lavapiedi del mondo". Sono complementari per una "teologia del servizio", non un'appendice dell'esistenza sacerdotale, qualcosa che ha anche fare con l'estetica, ma deve stare dentro nell'intimo del prete.

Per don Diana, per Padre Puglisi, anche se con stili diversi, c'è la *febbre del vangelo e degli ultimi*, predicavano e agivano contro lo strapotere delle cosche, esposti per ogni impegno di liberazione, di lotta per la giustizia, per ogni combattimento a favore dei poveri e degli emarginati, senza sfuggire alla presenza di chi soffre, testimonianze che nascono dall'Eucaristia, dal Vangelo, dalla familiarità con il Signore, attraverso una intensa vita di preghiera.

Essi insegnano che occorre riprendere la strada del servizio, della condivisione, della compassione, una strada difficile e scomoda che introduce la chiesa nella casa della credibilità perduta:

"Solo se avremo servito, potremo parlare e saremo creduti"

(don Tonino Bello).

La casula serve come paramento liturgico a rendere presente nel presbitero il giogo del Signore, mite e umile di cuore (Cf. *Mt* 11,28-30), per imparare da lui, per andare a scuola da lui, apprendendo la mitezza e l'umiltà.

A volte vorremmo dire: "Signore il tuo giogo non è per niente leggero, anzi è pesante, e guardando Lui che ha provato l'obbedienza, la debolezza, il dolore, il buio, allora questi nostri lamenti si spengono". Il giogo del Signore diviene amorevolmente sopportabile e più leggero quando amiamo.

La casula è oltre di una veste sacra, è anche quel vestito festivo che il padre donò al figlio prodigo, tornato a casa, cencioso e sporco (Cf. *Lc* 15,11-32). È Lui che ci rende degni di indossare la casula e di presiedere alla Sua mensa, di stare al suo servizio. L'indegnità è superata dal suo amore che rende candide le vesti, e indossandolo, il prete ha coscienza che Cristo ha sofferto per noi, e il suo amore è più grande di tutti i nostri peccati, trasformandoci in luce del Signore.

Cosa c'entra la casula con il grembiule? Certamente non fa bella mostra di sé il grembiule, offusca i ricami e i simboli della casula. Forse ci si è dimenticati che il Vangelo registra il grembiule come l'unico paramento sacerdotale, quando Gesù indossa l'unico panno di servizio, si cinge i fianchi e serve i discepoli.

Don Diana e Padre Puglisi, si collocano sulla logica dell'Eucaristia servendo e indossando le vesti della mitezza, della semplicità, del coraggio, della povertà, abbandonando i segni del potere per conservare il potere dei segni (don Tonino Bello).

L'immagine della *chiesa del grembiule* continua ad essere provocante anche oggi, mai fuori tempo, di una *chiesa in uscita* e *ospedale da campo*, di pastori con *l'odore di pecore* (Papa Francesco), che si coinvolge e smette di godere di prestigio e di privilegi che ingannano i piccoli e i deboli del vangelo.

Perché l'Eucaristia non rimanga un sacramento incompiuto, è necessario rivedere alcuni parametri e stili ecclesiali, porsi degli interrogativi, tra cui, quale incidenza hanno le nostre catechesi e le nostre liturgie domenicali sulla coscienza dei fedeli, quanto siano incarnati nel contesto e spingano all'impegno di liberazione che il Vangelo grida da duemila anni.

PER UNA PASTORALE DI LIBERAZIONE DELLE MAFIE

«Risollevatevi e alzate il capo,
perché la vostra liberazione è vicina».
(*Lc* 21,28)

Sono parole di liberazione e di speranza, temi generatori, non rivolti a chi è soddisfatto e compiaciuto, ma a chi soffre, e la liberazione viene incontro aprendo la via di Cristo nei nostri cuori. La radice della pastorale della liberazione si fonda sul messaggio di Gesù non neutrale che provoca ad una proposta spirituale ed esistenziale di una reazione forte e capace di risposte concrete.

Chi griderà l'urlo di liberazione portato da Cristo? Chi avvertirà l'impellente urgenza di una prassi pastorale fedele al messaggio di Cristo e in coerenza con la dottrina sociale della chiesa?

Il tuffo di don Diana e di padre Puglisi nella storia e nel mondo delle vicende umane, essi hanno percepito piano piano l'impegno di cristiani e di pastori nella denuncia delle ingiustizie sociali.

Quali caratteristiche deve possedere un teologo e un pastoralista della liberazione?

Il concetto teologico di liberazione in passato è stato considerato pericoloso, sovversivo, un'eredità preziosa della teologia dell'America latina che ancora oggi interroga la chiesa, è un capitolo della storia universale, un movimento di presa della consapevolezza della realtà e di tentativi di strade nuove. esso si attua nella prassi ecclesiale nella fedeltà ad un metodo che parte dalla vita, dalla storia, dalla sofferenza del mondo, c'è un teologia *situata* che nasce dal cuore e dalle sofferenza degli uomini e delle donne, dei discriminati, dei poveri, degli abbandonati, dei violentati. Oggi è maturata una crescente coscienza ecclesiale a partecipare attivamente, e diventare protagonisti nella solidarietà, nell'opzione preferenziale agli ultimi, le cui radici hanno un sogno, la liberazione: «la teologia della liberazione e la riflessione di una comunità ecclesiale che ha seriamente fatto l'opzione solidale con i poveri (..) è una teologia essenzialmente storica poiché mette al centro la realtà» (R. GIUÈ, *Chiesa e liberazione,* 2013, 25-26). Il fatto credente, si situa nel mondo e nella storia, mettendo davanti la responsabilità di prendere sul serio la fede cristiana.

Abbiamo riflettuto su come la pastorale di don Diana sia il risultato dell'attenzione all'uomo concreto, alla sua situazione, in particolare di fronte all'ingiustizia e all'imperversare della camorra. Egli percorre i vicoli della storia e di Casal di Principe nella concretezza delle vicende umane, del quale l'impegno ha la molla dall'omicidio di un giovane, e da quel momento inizia a vivere il suo ministero martiriale e profetico in maniera "eversiva", che gli hanno consentito di portare a termine la propria corsa nella fedeltà al Signore fino al martirio. Non occupa spazi, sogna e avvia un processo che oggi continua, e dopo averlo avviato, non rimane lì ad ingombrare ma lo libera, nel senso che deve morire, divenire "seme" e genera a una nuova vita.

Con la lettera *Per amore del mio popolo*, un grido di dolore e di amore, egli ha dato avvio ad un processo di trasformazione, nel quale attraverso la Parola di Dio la chiesa diviene liberatrice dell'umanità. Non fa tutto da solo, don Diana è facitore insieme a un gruppo di preti e alla sua gente, dove promuove un processo di coscientizzazione, di educazione alla legalità e alla giustizia, di esortazione alla partecipazione pubblica, alla formazione politica.

Il cuore della pastorale della liberazione, teologicamente è la concretezza, l'incarnazione, cioè, dare precedenza prima a l'uomo e poi a Dio. Così ha fatto Gesù Cristo, è partito dall'uomo, assumendo la condizione umana, parte dal basso, facendo spazio all'umanità.

CONCLUSIONE

La figura di don Peppino che ho appreso dai libri, dai miei studi, mi ha trasmesso il gusto dell'impegno e il sapore della Parola. Proveniamo da contesti differenti ma ci accomuna la pesante cappa della malapianta, la camorra in Campania e la 'ndrangheta in Calabria.

La sua testimonianza, come quella di Padre Puglisi, incoraggiano a spendersi per il vangelo, alla testimonianza personale, alla progettualità sociale, alla solidarietà con i poveri, alla lotta di ogni sistema di violenza e di sopraffazione. Essi hanno combattuto contro le forze perverse che opprimono l'uomo, un punto di riferimento, che se non hanno cambiato completamente le situazioni dei loro territorio almeno hanno contributo a smuovere le coscienze.

Sento la vicinanza e l'amicizia, pensando al contesto ecclesiale, sociale e culturale in cui vivo, nel quale preoccupa non tanto la presenza della 'ndrangheta, oggi defilata e più silenziosa, anche se continua a controllare ogni settore del territorio. È la cultura che soggiace alla 'ndrangheta quella che fa più paura, di coscienze sopite e compromesse per paura e complicità, alla ricerca di favori e di complimenti, con personaggi che continuano a dominare le menti e le fila di tanti ambiti civili e non solo.

Mi sorprende quando alcuni ambienti insospettabili sono inquinati da una mentalità mafiosa, senza segnalare quella "differenza" che aiuti i più deboli ad avere quel coraggio di ribellarsi alle condizioni di un territorio che soffre di numerose carenze.

Don Diana mi piace moltissimo, continua ad essere un testimone audace per questo tempo, laddove c'è una involuzione culturale e morale, la sua parola è provocante, anche che per tanti cristiani che non leggono più la

Parola di Dio, con la sua vita egli ha raccontato il vangelo, e diviene pungolo per la chiesa che non deve estraniarsi dalla società, dalla cultura, ma di farsi presente in tutti gli ambiti con il suo ruolo specifico che è di natura etica e religiosa.

Penso alla Calabria, una terra che si lamenta, si lecca le ferite di tante ingiustizie e soffre per una mancanza di coraggio, di quel brivido di passione per far risorgere questa terra.

Raccontando don Peppino, ho sentito anche il ravvivarsi della speranza, la forza di cambiare le cose, nonostante la sofferenza e il pianto, il desiderio di autenticità che qualche volta esige la denuncia. È strano che un prete parli di giustizia, di nonviolenza attiva, di solidarietà con le vittime, che destabilizza le strutture di peccato di questo mondo, perché sono sempre più rari quelli che scelgono da che parte stare.

La vita di don Diana è come il profumo che deve riempire il mondo, di schierarsi a favore dei poveri e contro i potenti, senza nascondersi dietro le scrivanie delle procedure burocratiche o trincerarsi nei palazzi del potere.

Lui è stato un segno, collocato lungo la strada della storia per ricordarci quale via imboccare e per richiamare l'uomo e la donna la via giusta da percorrere.

La profezia di don Peppino, richiama a tre ambiti di impegno per il prete e per tutta la comunità: l'approfondimento della Parola, incarnata e contestualizzata; la lettura dei *segni dei tempi* nell'analisi più efficace del territorio, la collaborazione con tutte le istituzioni presenti in esso, per un dialogo che accomuna sui temi che riguardano la dignità dell'uomo e la sua difesa.

Don Diana ha avuto un forte senso della sua missione, una vocazione maturata negli anni, cresciuto a Casal di Principe e ritornato con più forzaper aiutare i suoi concittadini e parrocchiani. La sua vita è un intreccio di ascolto della Parola di Dio e di contatto con la realtà sociale, da qui scaturisce la vocazione e la chiamata di ogni cristiano, il servizio prettamente evangelico nei confronti soprattutto dei più deboli e e dei perseguitati.

Non posso tacere, per amore della verità. Nel ricordo di don Peppino Diana

Non nascondo un intimo senso di "bellezza" verso alcune figure civili e religiose che hanno rischiato la loro vita contro le mafie. Oltre la simpatia, l'empatia e la riconoscenza per l'elevata testimonianza dell'offerta della vita, ritengo occorra mantenere viva la memoria, e agire, come diceva don Diana (1958-1994): «Basta lamentarsi è l'ora di fare!».

Il 19.03.2019 ricorre il venticinquesimo anniversario del suo assassinio, barbaramente ucciso il giorno del suo onomastico (19.03.1994), quando si apprestava ad officiare la messa nella parrocchia san Nicola di Casal di Principe, in provincia di Caserta, già rivestito dei paramenti sacri per la celebrazione del rito.

La vita di don Peppino è tesa tra la parola e l'ascolto, chiavi di lettura per aiutare il popolo a giungere alla verità, nel quale si prospetta un uomo pratico e alla ricerca di Dio nella storia, il cui ricordo – come il coraggio di tanti altri testimoni autentici colpiti dalla violenza mafiosa – non deve essere risolutamente un rito, quanto il mantenere sempre accesi i riflettori sulle mafie: "Falcone, Borsellino, Dalla Chiesa, Padre Puglisi, Livatino, Impastato, don Oscar Romero, don Peppino Diana e tanti altri meno noti, sono i santi laici, credenti e non, che hanno testimoniato con la vita le loro scelte coraggiose" (R. D'AGATA, *Non tacerò*, 2013).

L'azione di don Diana ha "graffiato" le coscienze, senza risparmiare la "parola" contro la mafia e ogni ingiustizia, contro la connivenza con il malaffare, una scelta che lo ha condotto alla morte, e che la camorra ha tentato di delegittimarlo con la calunnia. Non si è mai arreso davanti alla faticosa speranza di liberazione, proseguendo nel dovere urgente di *fare qualcosa,* senza fermarsi ai soliti *slogan*: "A me non importa chi è Dio ma da che parte sta", sono alcune parole vibranti e di denuncia di un prete contro la camorra, che la «dittatura armata» – com'egli l'aveva definita –, barbaramente uccise. Papa Francesco, – sempre con il suo stile di grande comunicatore fatto di gesti profondi e simbolici –, nella veglia di preghiera del 21 marzo del 2014 a Roma, nel ricordo di tutte le vittime delle mafie, ha indossato la stola del giovane prete Diana, pregando anche per i familiari delle vittime e invitando a non arrendersi di fronte al male.

La parola centrale del prete-coraggio è stata "legalità", che sgorgava da una vita vera, limpida, senza brancolare o tentennare, in un territorio di frontiera, nel quale ha osato *es*-porsi e sfidare non solo la criminalità ma anche il silenzio complice di chi ha preferito tacere. I suoi interventi sono stati di un forte contenuto educativo e testimoniale, nelle scuole, nelle manifestazioni civili, e per sottrarre molti giovani alla manovalanza della camorra e del clan dei casalesi. Per svegliare le coscienze, era consapevole che occorreva fare di più. Non solo predicava e denunciava, promuoveva cortei, scriveva opuscoli, contro anche l'indifferenza sociale, ecclesiale e politica, esortando alla "luce della parola di Dio" in un grido di dolore e di amore, saldando con la forza della Parola di Dio il cielo e la terra.

Personalmente mi interroga il suo essere prete che sa mettere insieme «evangelizzazione e promozione umana». Con il suo sacrificio si è passati dalle "terre della camorra" alle "Terre libere di don Diana", una scommessa impensabile quando lui era in vita. Il noto documento «Per amore del mio popolo», fatto circolare nel Natale del 1991, nella forania della sua diocesi e in diverse parrocchie del casertano, mosse tante coscienze.

Egli non si asteneva di rivolgersi a quella "chiesa del silenzio" timida e arroccata su sé stessa, esortando i preti a non tacere nelle omelie e nelle catechesi, di parlare e di prendere posizione contro ogni forma di sopruso e di sopraffazione. Non solo, nel manifesto citato si rivolse in termini di denuncia e di proposte pure ai politici, troppo spesso distanti dalle problematiche sociali e alle forze di polizia inermi davanti alla violenza:

> L'inefficienza delle politiche occupazionali, della sanità, ecc.; non possono che creare sfiducia negli abitanti dei nostri paesi; un preoccupato senso di rischio che si va facendo più forte ogni giorno che passa, l'inadeguata tutela dei legittimi interessi e diritti dei liberi cittadini; le carenze anche della nostra azione pastorale ci devono convincere che l'azione di tutta la Chiesa deve farsi più tagliente e meno neutrale per permettere alle parrocchie di riscoprire quegli spazi per una "ministerialità" di liberazione, di promozione umana e di servizio. Forse le nostre comunità avranno bisogno di nuovi modelli di comportamento: certamente di realtà, di testimonianze, di esempi, per essere credibili.

La sfida più difficile di Diana – e di cui egli è stato una delle tante vittime della mafia –, è stato vincere quell'indifferenza del "noi", di quella "maggioranza silenziosa" che il prete di Casal di Principe cercava di "pungolare", denunciando che non si può essere cittadini a "intermittenza" o cristiani a "convenienza".

Quando si muore per essersi schierati contro il male è perché si è soli. Quello che lui e altre vittime per mano della mafia hanno fatto, e in solitudine, altri dovevano essere insieme a loro, perché non ci sia mai nessuno solo: «Si muore generalmente perché si è soli o perché si è entrati in un gioco troppo grande. Si muore spesso perché non si dispone delle necessarie alleanze, perché si è privi di sostegno» (G. FALCONE – M. PADOVANI, *Cose di cosa nostra*, 1993).

Don Diana ha preso sul serio la sua "vocazione", ha coinvolto tanti giovani, in sogni e progetti, oggi vivi e operativi in tante cooperative e comitati, senza la paura di pronunciare il nome "camorra", rendendosi voce scomoda, per lottare con speranza e con coraggio, e mettendo in pratica una progettualità, incalzando le chiese locali per una pastorale di liberazione delle mafie.

LETTERA «PER AMORE DEL MIO POPOLO» *

Siamo preoccupati

Assistiamo impotenti al dolore di tante famiglie che vedono i loro figli finire miseramente vittime o mandanti delle organizzazioni della camorra. Come battezzati in Cristo, come pastori della Forania di Casal di Principe ci sentiamo investiti in pieno della nostra responsabilità di essere "segno di contraddizione". Coscienti che come chiesa "dobbiamo educare con la parola e la testimonianza di vita alla prima beatitudine del Vangelo che é la povertà, come distacco dalla ricerca del superfluo, da ogni ambiguo compromesso o ingiusto privilegio, come servizio sino al dono di sé, come esperienza generosamente vissuta di solidarietà".

La Camorra

La Camorra oggi è una forma di terrorismo che incute paura, impone le sue leggi e tenta di diventare componente endemica nella società campana. I camorristi impongono con la violenza, armi in pugno, regole inaccettabili: estorsioni che hanno visto le nostre zone diventare sempre più aree sussidiate, assistite senza alcuna autonoma capacità di sviluppo; tangenti al venti per cento e oltre sui lavori edili, che scoraggerebbero l'imprenditore più temerario; traffici illeciti per l'acquisto e lo spaccio delle sostanze stupefacenti il cui uso produce a schiere giovani emarginati, e manovalanza a disposizione delle organizzazioni criminali; scontri tra diverse fazioni che si abbattono come veri flagelli devastatori sulle famiglie delle nostre zone; esempi negativi per tutta la fascia adolescenziale della popolazione, veri e propri laboratori di violenza e del crimine organizzato.

Precise responsabilità politiche

E' oramai chiaro che il disfacimento delle istituzioni civili ha consentito l'infiltrazione del potere camorristico a tutti i livelli. La Camorra riempie un vuoto di potere dello Stato che nelle amministrazioni periferiche è caratterizzato da corruzione, lungaggini e favoritismi. La Camorra rappresenta uno Stato deviante parallelo rispetto a quello ufficiale, privo però di burocrazia e d'intermediari che sono la piaga dello Stato legale. L'inefficienza delle politiche occupazionali, della sanità, ecc.; non possono che creare sfiducia negli abitanti dei nostri paesi; un preoccupato senso di rischio che si va facendo più forte ogni giorno che passa, l'inadeguata tutela dei legittimi interessi e diritti dei liberi cittadini; le carenze anche della nostra azione pastorale ci devono convincere che l'Azione di tutta la Chiesa deve farsi più tagliente e meno neutrale per permettere alle parrocchie di riscoprire quegli spazi per una "ministerialità" di liberazione, di promozione umana e di servizio. Forse le nostre comunità avranno bisogno di nuovi modelli di comportamento: certamente di realtà, di testimonianze, di esempi, per essere credibili.

Impegno dei cristiani

Il nostro impegno profetico di denuncia non deve e non può venire meno. Dio ci chiama ad essere profeti.

– Il Profeta fa da sentinella: vede l'ingiustizia, la denuncia e richiama il progetto originario di Dio (*Ez* 3,16-18);

– Il Profeta ricorda il passato e se ne serve per cogliere nel presente il nuovo (*Is* 43);

– Il Profeta invita a vivere e lui stesso vive, la Solidarietà nella sofferenza (*Gn* 8,18-23);

– Il Profeta indica come prioritaria la via della giustizia (*Ger* 22,3 - *Is* 5)

Coscienti che "il nostro aiuto è nel nome del Signore" come credenti in Gesù Cristo il quale "al finir della notte si ritirava sul monte a pregare" riaffermiamo il valore anticipatorio della Preghiera che è la fonte della nostra Speranza.

NON UNA CONCLUSIONE: MA UN INIZIO
Appello

Le nostre "Chiese hanno, oggi, urgente bisogno di indicazioni articolate per impostare coraggiosi piani pastorali, aderenti alla nuova realtà; in particolare dovranno farsi promotrici di serie analisi sul piano culturale, politico ed economico coinvolgendo in ciò gli intellettuali finora troppo assenti da queste piaghe". Ai preti nostri pastori e confratelli chiediamo di parlare chiaro nelle omelie ed in tutte quelle occasioni in cui si richiede una testimonianza coraggiosa. Alla Chiesa che non rinunci al suo ruolo "profetico" affinché gli strumenti della denuncia e dell'annuncio si concretizzino nella capacità di produrre nuova coscienza nel segno della giustizia, della solidarietà, dei valori etici e civili (*Lam*, 3,17-26). Tra qualche anno, non vorremmo batterci il petto colpevoli e dire con Geremia "Siamo rimasti lontani dalla pace… abbiamo dimenticato il benessere… La continua esperienza del nostro incerto vagare, in alto ed in basso, dal nostro penoso disorientamento circa quello che bisogna decidere e fare… sono come assenzio e veleno".

Forania di Casal di Principe (Parrocchie: San Nicola di Bari, S.S. Salvatore, Spirito Santo – Casal di Principe; Santa Croce e M.S.S. Annunziata – San Cipriano d'Aversa; Santa Croce Casapesenna; M. S.S. Assunta – Villa Literno; M.S.S. Assunta – Villa di Briano; Santuario di M.SS. di Briano).

* (G. FOFI, *Per amore del mio popolo,* 2011)

BREVE BIOGRAFIA

Giuseppe Diana (Casal di Principe, 4 luglio 1958 – Casal di Principe, 19 marzo 1994), è il primogenito di tre figli. Ordinato prete nel 1982, fu assistente ecclesiastico del gruppo Scout, assistente nazionale dei Foulards Blancs. Parroco di San Nicola di Bari di Casal di Principe, dal 1989, scrittore, docente di religione e di materie letterarie.

Il suo scritto più noto è *Per amore del mio popolo* del 1991.

Prima di celebrare la Messa, nel giorno del suo onomastico, il suo assassino in sacrestia gli esplode cinque colpi di pistola mortali che lo uccidono all'istante.

BIBLIOGRAFIA SCELTA

BELLO ANTONIO, *Stola e grembiule. Il diritto e il rovescio dell'unico panno di servizio sacerdotale*, Insieme, Terlizzi 2004.

___ , *Sud a caro prezzo. Il cambiamento come sfida*, La meridiana, Molfetta 2007.

___, *L'eucaristia bandolo della matassa,* in *Un testimone giunto dall'avvenire*, Insieme, Terlizzi 2009.

BENEDETTO XVI, *Il potere dei segni*, Città del Vaticano, Lev, 2011.

CIOTTI luigi , *Dio, popolo e rigore morale: l'attualità di una voce scomoda*, in «Famiglia cristiana» (11/2019) 31.

D'AGATA Rosario, *Non tacerò. In ricordo di do Peppino diana, sacerdote*, Città del Sole, Reggio Calabria 2013.

FERRAIUOLO Luigi, *La caduta di Gomorra. Come don Diana ha cambiato un paese*, San Paolo, Milano 2019.

FOFI Goffredo (Edd.), P*er amore del mio popolo. Don Peppino Diana, vittima della camorra*, Dell'Asino, Roma 2010.

GIUÈ Rosario, *Il costo della memoria. Don Peppe Diana il prete ucciso dalla camorra*, Paoline, Milano 2007.

___, *Chiesa e liberazione. Linee essenziali di teologia della liberazione,* Tau, Todi 2013

LIMOCCIA Leandro – DIANA Marisa, *Petali di vita. Don Peppe Diana: un cammino per la giustizia*, Rubbettino, Soveria Mannelli 2010.

LUPOLI Raffaele (Edd.) *Don Peppe Diana. Per amore del mio popolo*, Round Robin, Roma 2009.

OCCHETTA Francesco, *Il sacrificio di don Giuseppe Diana*, in «La Civiltà Cattolica» 170/II (2014), 386-393.

MANULI Vincenzo Leonardo, *Chiesa, giovani e 'ndrangheta in Calabria. Sfide per una trasformante pastorale*, Pellegrini, Cosenza 2018.

MIRA Maria Antonio, *Il coraggio di fare delle scelte. Don Peppe* Diana, in F. MALGERI (Edd.), *Sud profetico. Chiesa italiana e Mezzogiorno*, Studium, Roma 2016,165-196.

PATRICIELLO Maurizio, *Il prete con l'odore delle pecore che ci insegna ad essere uomini*, in «Avvenire» (19.03.2019), 8.

SARDO Raffaele, *Don Peppe Diana. Un martire in terra di camorra*, Di Girolamo, Trapani 2015.

SAVIANO Roberto, *Gomorra*, Mondadori, Milano 2016.

SOLINO Gianni. *La buona terra. Storie delle terre di don Peppe Diana*, La meridiana, Molfetta 2011.

INDICE

INTRODUZIONE 3

IL SEME IL GRANO LA SPIGA 5

DIO DA CHE PARTE STA? 9

IL MERIDIONE TERRA INQUIETA DI MAFIA 12

GRAFFIARE LE COSCIENZE 17

I GIOVANI E LA LEGALITÀ 21

LA CHIESA DEL SILENZIO 25

LA CHIESA CHE PARLA: NON SI PUÒ TACERE 28

NON C'È AMORE SENZA DOLORE 32

CORRESPONSABILITÀ CRISTIANA E CIVILE 36

NON TACERE E PARLARE LA PAROLA 39

EUCARISTIA SCUOLA DI VITA E DI SPERANZA 42

LA CASULA LA STOLA E IL GREMBIULE 45

PER UNA PASTORALE DI LIBERAZIONE DELLE MAFIE 49

CONCLUSIONE 52

A VENTICINQUE ANNI DELLA MORTE DI DON PEPPINO DIANA 55

LETTERA «PER AMORE DEL MIO POPOLO» 58

BREVE BIOGRAFIA 61

BIBLIOGRAFIA SCELTA 62

I **want** morebooks!

Buy your books fast and straightforward online - at one of world's fastest growing online book stores! Environmentally sound due to Print-on-Demand technologies.

Buy your books online at
www.morebooks.shop

Compra i tuoi libri rapidamente e direttamente da internet, in una delle librerie on-line cresciuta più velocemente nel mondo! Produzione che garantisce la tutela dell'ambiente grazie all'uso della tecnologia di "stampa a domanda".

Compra i tuoi libri on-line su
www.morebooks.shop

KS OmniScriptum Publishing
Brivibas gatve 197
LV-1039 Riga, Latvia
Telefax: +371 686 204 55

info@omniscriptum.com
www.omniscriptum.com

Printed by Books on Demand GmbH, Norderstedt / Germany